PRÉFECTURE DES ARDENNES

PERSONNEL

DES

BUREAUX DE LA PRÉFECTURE

ET DES

SOUS-PRÉFECTURES

DU

DÉPARTEMENT DES ARDENNES

RÈGLEMENT

CHARLEVILLE
Imprimerie des Ardennes et du Nord-Est
14, rue Forest
1923

PERSONNEL

DES

BUREAUX DE LA PRÉFECTURE

ET DES

SOUS-PRÉFECTURES

DU

DÉPARTEMENT DES ARDENNES

RÈGLEMENT

CHARLEVILLE

Imprimerie des Ardennes et du Nord-Est

14, rue Forest

1923

PRÉFECTURE DES ARDENNES

PERSONNEL

DES

BUREAUX DE LA PRÉFECTURE

ET DES

SOUS-PRÉFECTURES

DU

DÉPARTEMENT DES ARDENNES

RÈGLEMENT

Nous, Préfet du département des Ardennes, Chevalier de la Légion d'Honneur,

Vu la loi du 28 pluviôse an VIII,

Vu la loi du 10 août 1871,

Vu les lois du 21 mars 1905 et 17 avril 1916 réservant certains emplois des bureaux des Préfectures et des Sous-Préfectures aux anciens militaires de l'armée de terre et de mer retraités ou réformés n° 1 pour blessures de guerre ou maladies contractées au service,

Vu l'article 65 de la loi de finances du 22 avril 1905,

Vu le règlement de la caisse départementale de retraite en date du 2 octobre 1922,

Vu les lois des 1er et 20 avril 1920 sur la réorganisation des bureaux des Préfectures et Sous-Préfectures et l'attribution d'un statut au personnel de ces bureaux,

Vu le décret du 17 juillet 1920 portant règlement d'administration publique pour l'application de la loi du 1er avril 1920,

Vu la délibération du Conseil Général en date du 2 octobre 1922,

ARRÊTONS :

CHAPITRE PREMIER

CADRES — EMPLOIS — ORGANISATION DES SERVICES

ARTICLE PREMIER. — Les Services de la Préfecture comprennent :

1° Le Cabinet du Préfet ;

2° Les Divisions;

3° Le Greffe du Conseil de Préfecture;

4° Le personnel départemental attaché aux services d'Inspection ou de Contrôle de l'Assistance et de l'Hygiène publiques, à l'exclusion des contrôleurs sur place ou inspecteurs de ces services ;

5° Les archives départementales (à l'exclusion de l'Archiviste) ;

6° Le service vétérinaire (à l'exclusion du Vétérinaire départemental) :

7° Le personnel de service.

ARTICLE 2. — Les attributions du Cabinet, des Divisions et des Services annexes sont fixées ainsi qu'il suit :

CABINET DU PRÉFET

Ouverture et distribution du courrier.

Correspondance confidentielle et affaires réservées, chiffre, demandes d'audiences.

Débits de tabac, commissions de classement des candidatures aux débits de tabac, débits de poudre, gérances, recettes buralistes.

Distinctions honorifiques : Décorations françaises et étrangères, Légion d'Honneur, Médailles pour actes de courage et de dévouement, Palmes d'Officier d'Académie et de l'Instruction publique, Mérite agricole, Médaille de la Reconnaissance française, Médailles d'honneur aux ouvriers et employés de l'industrie, Médailles d'honneur agricoles, Médailles de la Mutualité, Prix Montyon.

Personnel des diverses administrations : Nominations, congés, secours, récompenses.

Administration préfectorale : Personnel de la Préfecture et des Sous-Préfectures, Enseignement, Finances (Organisation et personnel des perceptions), Contributions directes, Enregistrement, Domaines et Timbre, Contributions indirectes, Eaux-et-Forêts, Gardes forestiers, Assistance publique, Ponts et Chaussées et Service vicinal, Postes, Télégraphes et Téléphones, Magistrature, Gendarmerie, Police spéciale, municipale et rurale, Gardes champêtres et Gardes particuliers, Installations et prestations de serment de fonctionnaires.

Fêtes et cérémonies publiques : Honneurs et préséances.

Consulats étrangers.

Assistance judiciaire.

Grèves.

Loteries.

Presse : Communications aux journaux.

Commissions administratives des Hospices, Hôpitaux, Bureaux de Bienfaisance et d'Assistance.

Iʳᵉ DIVISION

Administration communale : Acquisitions, aliénations, échanges, emprunts, budgets communaux, situation financière des communes, travaux et marchés, baux, état civil, mouvement de la population, dénombrement quinquennal, législation, débits de boissons, secours sur les fonds des amendes, commission d'architectures, cimetières, adductions d'eaux.

Agriculture : Cercles et Comices, Syndicats, concours agricoles, Mutuelles, bétail, secours pour pertes, indemnités pour saisies de viandes, statistique agricole, vaine pâture, observations météorologiques, épizooties, Ecole pratique d'agriculture, chasse et pêche, répression des fraudes.

Commerce et Industrie : Chambres de Commerce, Chambres Consultatives des Arts et Manufactures, Tribunaux de Commerce, Conseils de Prud'hommes (élections), travail dans l'industrie, Ecoles pratiques, Enseignement technique, repos hebdomadaire, dynamite, appareils à vapeur, marteaux-moutons et balanciers.

Contributions directes : Impositions communales, exécution des rôles, cadastre, professions nouvelles.

Contributions indirectes : Octrois, sucrage des vins, mouillage, nicotine.

Cultes : Biens d'église, sonneries de cloches, congrégations, presbytères.

Domaines : Adjudications, divers.

Dons et legs : aux communes, aux établissements publics et d'utilité publique.

Douanes : Importations, constructions dans la zone douanière.

Eaux et Forêts : Aliénations, échanges, reboisement, concessions, coupes de bois, syndicats de communes, budgets, receveurs.

Elections : Sénat, Chambre des Députés, Conseil général et d'arrondissement, Conseils municipaux, Maires et Adjoints, listes électorales et casier électoral.

Etablissements dangereux, insalubres et incommodes : Autorisations, fermetures.

Frontière : Rectifications, infractions.
Habitations à bon marché.

Instruction publique : Création et suppression d'écoles, constructions scolaires, cours d'adultes, concessions ministérielles, retraite, Conseil départemental, Musée, Bibliothèques, dons d'œuvre d'art et de tableaux par la direction des Beaux-Arts, Ecoles privées, Bourses de l'Enseignement secondaire et primaire supérieur, indemnités de résidence, Ecole des Arts et Métiers, Ecoles Nationales professionnelles.

Jury criminel : Citations.
Monuments historiques et sites.
Poids et mesures.
Postes, télégraphes et téléphones.
Pupilles de la Nation.

Travaux publics : Ponts et Chaussées, Service hydraulique, Chemins de fer, contrôle, jury d'expropriation, mines, carrières, ardoisières.

Voirie : Routes nationales, voirie urbaine, vicinale et rurale, distribution d'énergie électrique, circulation des automobiles.

2ᵉ DIVISION

Caisses d'Épargne.

Colonisation.

Comptabilité : Comptabilité générale de tous les Ministères ;

Comptes et budgets départementaux, décisions modificatives ;

Mandatement des dépenses sur les fonds de l'Etat, fonds départementaux et fonds de cotisations municipales ;

Visa des récépissés de versements de fonds au Trésor ;

Caisse départementale de Retraite ;

Caisse de retraite pour la vieillsese, visa des livrets, majoration de rentes viagères.

Conseil général : Convocation pour les sessions, centralisation des affaires, impression et envoi du rapport du Préfet et du procès-verbal des délibérations.

Conseil d'arrondissement : Centralisation des affaires, convocations.

Ecoles : Concours d'admissions et instructions des demandes de bourses et de subventions aux écoles militaires.

Etrangers : Recensement, contrôle, expulsions, Légion étrangère, naturalisations, admissions à domicile, dénaturalisations, réintégrations.

Impressions départementales.

Police générale : Ambulants, forains, nomades, récépissés de déclarations, délivrance des carnets, colportage ;

Extraditions ;

Jeunes détenus ;

Libération conditionnelle ;

Librairie étrangère ;

Passeports à l'étranger ;

Rapatriements, moyens de transport.

Recrutement : Engagements volontaires, opérations préliminaires de l'appel des classes, réserve et territoriale, allocations aux soutiens indispensables de famille.

Logement et cantonnement : Manœuvres.

Mobilisation : Non disponibles, ravitaillement, réquisitions militaires, Commissions de réquisitions, recensement des pigeons voyageurs, recensement des chevaux, mulets et mules, des voitures et des automobiles.

Tombes militaires : Entretien et subventions.
Sapeurs-pompiers.

Sociétés et Associations diverses : Musicales, de gymnastique, de tir, de préparation militaire, de secours mutuels, Cercles, déclarations d'association.
Syndicats professionnels.
Transports de corps.

3ᵉ DIVISION

Application des lois d'assistance : Aliénés, assistance médicale gratuite, assistance obligatoire aux vieillards, aux infirmes et aux incurables, assistance aux familles nombreuses, assistance aux femmes en couches, assistance-retraite ;
Asiles de nuit ;
Jeunes aveugles ;
Bureaux de bienfaisance et d'assistance ;
Hôpitaux et hospices ;
Lits Napoléon ;
Orphelinats ;
Sourds-muets.

Hygiène publique : Epidémies, désinfection, vaccination, sérum antidiphtérique ;
Assainissement des communes ;
Statistique sanitaire ;
Conseil d'Hygiène et Commissions sanitaires ;
Eaux minérales ;
Inspection des pharmacies, épiceries, drogueries ;
Cimetières et adductions d'eaux pour avis des commissions sanitaires.

GREFFE DU CONSEIL DE PRÉFECTURE

Affaires contentieuses. réclamations en matière de contributions et taxes assimilées ;

Apurement des comptes des receveurs municipaux, des hospices et des bureaux de bienfaisance.

ARCHIVES DÉPARTEMENTALES

Archives départementales, communales, hospitalières ;
Bibliothèques administratives ;
Dépôt légal.

ARTICLE 3. — Le personnel des bureaux de la Préfecture comprend :

3 Chefs de division ;
8 Chefs de bureau ;
20 Rédacteurs ou Rédacteurs principaux ;
6 Expéditionnaires ;
4 Sténo-dactylographes ;
2 Huissiers ;
1 Garçon de bureau ;
2 Concierges ;
1 Téléphoniste-standariste ;
1 Chauffeur aide-jardinier.

ARTICLE 4. — Les employés sont répartis de la façon suivante dans chaque service et dans chaque bureau :

CABINET DU PRÉFET

1 Chef de bureau ;
2 Rédacteurs ;
1 Sténo-dactylographe.

1re DIVISION

1 Chef de division ;

1er *Bureau*

1 Chef de bureau ;
2 Rédacteurs ;
1 Sténo-dactylographe.

2e *Bureau*

1 Chef de bureau ;
3 Rédacteurs (dont un à la disposition de l'Office départemental d'habitations à bon marché) ;
1 Expéditionnaire :

2e DIVISION

1 Chef de division ;

1er *Bureau*

1 Chef de bureau ;
4 Rédacteurs (dont un à la disposition de l'Architecte départemental).

2e *Bureau*

1 Chef de bureau ;
2 Rédacteurs ;
1 Expéditionnaire ;
1 Sténo-dactylographe.

3ᵉ DIVISION

1 Chef de Division.

1ᵉʳ *Bureau*

1 Chef de bureau ;
2 Rédacteurs ;
1 Expéditionnaire ;
1 Sténo-dactylographe.

2ᵉ *Bureau*

1 Chef de bureau ;
2 Rédacteurs ;
1 Expéditionnaire.

GREFFE DU CONSEIL DE PRÉFECTURE

1 Secrétaire-Greffier ayant rang de Rédacteur ou de Chef de bureau.

ASSISTANCE PUBLIQUE

1 Rédacteur ;
1 Expéditionnaire.

ARCHIVES DÉPARTEMENTALES

1 Rédacteur ou Chef de Bureau ;
1 Concierge, garçon de bureau.

SERVICE VÉTÉRINAIRE

1 Expéditionnaire.

INSPECTION DÉPARTEMENTALE D'HYGIÈNE

1 Rédacteur ;

PERSONNEL DE SERVICE

2 Huissiers ;
1 Concierge ;
1 Garçon de bureau ;
1 Téléphoniste-standariste ;
1 Chauffeur aide-jardinier.

ARTICLE 5. — Les services des Sous-Préfectures sont ainsi composés :

SOUS-PRÉFECTURE DE RETHEL

1 Secrétaire en chef ayant rang de Chef de bureau ;
1 Rédacteur ;
1 Expéditionnaire ou une Dactylographe.

SOUS-PRÉFECTURE DE ROCROI

1 Secrétaire en chef ayant rang de Chef de bureau ;
1 Rédacteur ;
1 Expéditionnaire ou une Dactylographe.

SOUS-PRÉFECTURE DE SEDAN

1 Secrétaire en chef ayant rang de Chef de bureau ;
1 Rédacteur ;
1 Expéditionnaire ou une Dactylographe.
1 Concierge, garçon de bureau.

SOUS-PRÉFECTURE DE VOUZIERS

1 Secrétaire en chef ayant rang de Chef de bureau ;
1 Rédacteur ;
1 Expéditionnaire ou une Dactylographe ;

CHAPITRE II

RECRUTEMENT

Article 6. — Peuvent seuls se faire inscrire en vue du concours pour l'emploi de rédacteur ou de sténo-dactylographe, les Français des deux sexes jouissant de leurs droits et âgés de 18 ans au moins et de 30 ans au plus à la date du concours.

Il en est de même pour les emplois d'expéditionnaire à titre civil à défaut de candidats militaires.

La limite d'âge ci-dessus est reculée d'un temps égal à la durée des services antérieurs, civils ou militaires, ouvrant des droits à une pension de retraite.

Article 7. — Les concours pour les emplois de rédacteurs, sténo-dactylographes ou expéditionnaires sont annoncés par un arrêté du Préfet publié 40 jours à l'avance.

Cet arrêté fixera la date du concours, le nombre de places mises au concours, les pièces à fournir à l'appui de la demande d'admission, énumérées à l'article 8.

Les candidats se font inscrire au Secrétariat général de la Préfecture dans les 20 jours qui suivent la date de l'arrêté.

La liste des incriptions est close à l'expiration de ce délai.

Dix jours avant l'ouverture des épreuves, le Préfet arrête la liste des candidats admis à concourir et la dépose au Secrétariat général de la Préfecture

Article 8. — Les candidats au concours de rédacteurs, de sténo-dactylographes ou d'expéditionnaires au titre civil doivent produire, en se faisant inscrire, un dossier composé des pièces suivantes :

1° Une demande d'inscription sur timbre ;

2° Une expédition authentique de leur acte de naissance ;

3° S'il y a lieu, tous documents justificatifs de leur qualité de Français ;

4° Un extrait du casier judiciaire ayant moins de trois mois de date ;

5° Un certificat de bonne vie et mœurs ayant moins de trois mois de date ;

6° Un certificat délivré par un médecin assermenté désigné par l'Administration, constatant qu'ils ont été vaccinés, qu'ils ne sont atteints d'aucune infirmité incompatible avec les fonctions auxquelles ils sont candidats, qu'ils ne présentent aucun symptôme de tuberculose ou de maladie contagieuse de quelque nature que ce soit et qu'ils peuvent, sans danger pour autrui, occuper un emploi dans un bureau. Cette pièce doit être remise par le médecin de l'Administration et non par le candidat. Le certificat médical ne sera pas exigé des candidats qui feraient déjà partie de la Préfecture à la date de l'approbation du règlement, à condition qu'il ait été fourni par eux antérieurement ;

7° Une note signée du candidat faisant connaître les études qu'il a faites, les diplômes dont il est titulaire et les emplois qu'il a occupés ou les fonctions qu'il a exercées antérieurement ;

8° Pour les jeunes gens âgés de plus de 21 ans, une pièce constatant qu'ils ont satisfait à la loi sur le recrutement de l'Armée.

ARTICLE 9. — Les Commissions de concours sont constituées ainsi qu'il suit :

Concours de Rédacteur ou d'Expéditionnaire

Le Secrétaire général de la Préfecture, Président ;
Deux personnes qualifiées et un Chef de Division désignés par le Préfet.

Concours de Rédacteur aux Archives

Le Chef de division prévu à la Commission ci-dessus est remplacé par l'Archiviste départemental.

Concours de Sténo-Dactylographe

Le Secrétaire général de la Préfecture, Président ;
Un Chef de division désigné par le Préfet ;
Un Sténo-dactylographe professionnel (homme ou femme) également désigné par le Préfet.

Article 10. — Les concours pour les emplois de rédacteurs, expéditionnaires et sténo-dactylographes comportent les épreuves suivantes avec l'indication du coefficient pour chaque matière :

Concours pour l'emploi de Rédacteur

A. — *Epreuves écrites*

1° Rédaction sur un sujet d'ordre général ne nécessitant pas de connaissances spéciales. Durée 2 heures, cotée de o à 20. Coefficient 3 ;

2° Rédaction sur un sujet général de droit administratif, de droit civil ou de législation financière (l'épreuve sera jugée aussi au point de vue de l'orthographe et de l'écriture). Durée 3 heures. Cotée de o à 20. Coefficient 3.

3° Une composition sur l'application des 4 règles de l'arithmétique et des fractions, le système décimal et le système métrique. Les problèmes pourront être résolus par l'algèbre. Durée 1 h. 1/2. Cotée de o à 20. Coefficient 1.

B. — *Epreuves orales*. Cotées de o à 10

1° Notion générale d'histoire de France de 1789 à nos jours. Coefficient 1 ;

2° Géographie de la France et de ses colonies ; Géogragraphie physique, économique et politique du département (deux interrogations). Coefficient 1 ;

3° Organisation administrative générale, départementale et municipale (lois constitutionnelles et lois des 10 août 1871 et 5 avril 1884), notions de droit civil et criminel et de législation financière. Coefficient 3.

Concours pour l'emploi de Rédacteur aux Archives

Pour l'emploi de rédacteur aux Archives, aux épreuves orales, la question sur l'organisation administrative générale, départementale et communale est remplacée par la lecture, l'analyse et l'explication d'une charte et une interrogation sur les instructions et règlement des Archives départementales, communales et hospitalières. Coefficient 3.

Concours pour l'emploi d'Expéditionnaire
à titre civil

A. — Epreuves écrites

1° Dictée. Coefficient 3. Durée 1 heure. Cotée de o à 20;

2° Ecriture (ronde et anglaise) et tracé d'un tableau. Coefficient 2. Durée 1 heure. Cotée de o à 20 ;

3° Problème d'arithmétique usuelle et copie d'un tableau de chiffres comportant une addition. Durée de l'épreuve : 1/2 heure, cotée de o à 20. Coefficient 1.

4° Epreuve facultative de dactylographie (durée 15 minutes), cotée de o à 20. Coefficient 1.

B. — Epreuves orales. Cotées de o à 10

1° Epreuves de calculs rapides. Coefficient 2 ;

2° Interrogation sur l'histoire contemporaine de 1870 à nos jours. Coefficient 1 ;

3° Interrogation sur la géographie de la France et du département. Coefficient 1.

Concours pour l'emploi d'Expéditionnaire
aux Archives

Pour l'emploi d'expéditionnaire aux Archives, l'épreuve d'arithmétique, à l'écrit, sera remplacée par la transcription et l'analyse d'un document du XVIIIe siècle. Coefficient 2.

Concours pour l'emploi de
Sténo-Dactylographe

A. — Epreuves écrites

1° Sténographie. Sténographie d'une page lue à la vitesse de 100 mots à la minute pendant 5 minutes environ et traduction de la sténographie en langue ordinaire (20 minutes pour la traduction). Cotée de o à 20. Coefficient 3 ;

2° Dactylographie. Copie d'un document comportant un tableau (durée 15 minutes). Coefficient 2. Cotée de o à 20 ;

3° Une composition d'orthographe. Coefficient 2. Cotée de o à 20.

B. — *Epreuves orales*. Cotées de 0 à 10

1° Epreuves de calculs rapides. Coefficient 1 ;

2° Interrogation sur l'Histoire de France de 1870 à nos jours. Coefficient 1 ;

3° Interrogation sur la géographie de la France et la géographie physique, économique et politique du département. Coefficient 1.

ARTICLE 11. — Le nombre total de points attribués aux candidats est augmenté de 1/20 sur la production d'un brevet élémentaire ou du brevet de l'enseignement primaire supérieur ; de 1/10 pour un diplôme de bachelier complet ou d'un brevet supérieur de l'enseignement primaire ; de 1/5 pour le diplôme de licencié.

Il est attribué pour les épreuves écrites une majoration de points de :

1° 6 p. 100 aux anciens militaires dont le droit à pension aura été reconnu par application de la loi du 31 mars 1919 ;

10 p. 100 à ceux de ces derniers qui auront en outre été déclarés par la Commission de réforme inaptes au service militaire :

3° 8 p. 100 aux employés qui, à la date du 17 juillet 1920, faisaient partie, depuis deux ans au moins, du personnel des bureaux de la Préfecture et des Sous-Préfectures.

ARTICLE 12. — Dans les concours prévus à l'article 10, aucun candidat n'est admis aux épreuves orales s'il n'a obtenu à l'écrit la moyenne de points.

Aucun candidat ne peut être reçu au concours s'il ne réunit pour l'ensemble de ses compositions les deux tiers des points ou s'il obtient un zéro pour une seule de ses compositions.

Un tableau d'admission par ordre de mérite est dressé à la suite de chaque concours public. Le Jury du concours pourra, si les épreuves lui paraissent satisfaisantes, classer un certain nombre de candidats pour combler, le cas échéant, les vacances non prévues. Ce classement ne sera valable que pour nomination dans l'année du concours.

ARTICLE 13. — Les expéditionnaires, huissiers, garçons de bureau et concierges des Préfectures et Sous-Préfectures sont recrutés parmi les candidats désignés dans les conditions fixées par les articles 69 et suivants de la loi du 21 mars 1905 et par les articles 1, 2 et 3 de la loi du 17 avril 1916.

A défaut de ces derniers candidats, les expéditionnaires sont recrutés dans les conditions déterminées à l'article 6 du présent arrêté.

A défaut de candidats militaires, le personnel de service de la Préfecture est choisi par le Préfet parmi les candidats âgés de 18 ans au moins et de 30 ans au plus, remplissant les conditions d'honorabilité et d'aptitudes physiques, dans les mêmes conditions que les autres emplois et pourvus d'un certificat d'études primaires.

ARTICLE 14. — Les rédacteurs, les expéditionnaires et sténo-dactylographes nommés dans les conditions fixées aux articles ci-dessus ne sont titularisés dans leur emploi qu'après un stage d'un an ; l'employé qui, à l'expiration de ce délai, n'a pas été titularisé, est congédié.

La durée du stage ne donne lieu à retenue au profit de caisse des retraites et compte pour l'avancement.

Au moment où il est titularisé, l'employé effectue à la caisse des retraites les versements pour la retraite afférente à la période de son stage.

Les expéditionnaires ou sténo-dactylographes reçus par la suite au concours de rédacteur ne sont pas astreints au stage d'un an et sont titularisés définitivement dans leur emploi lors de leur nomination, à condition qu'ils fassent partie des cadres de l'administration depuis plus d'un an.

CHAPITRE III

AVANCEMENT

ARTICLE 15. — Nul ne peut être promu à une classe supérieure s'il n'a au moins deux ans de services dans la classe qu'il occupe et s'il n'est porté à un tableau d'avancement dressé dans les premiers jours de décembre de chaque année par une Commission composée ainsi qu'il suit :

Le Préfet, Président ;

Le Secrétaire général ;

Un Sous-Préfet :

Les Chefs de division ;

L'Archiviste départemental et les autres chefs de services départementaux remplaceront le Chef de division, le moins ancien de services dans cette fonction, toutes les fois qu'il s'agira de statuer sur l'inscription au tableau d'un employé appartenant à leur service.

En cas de partage des voix, celle du Président est prépondérante.

Les Chefs de division ne participent pas à l'établissement du tableau d'avancement qui concerne leur grade.

Les inscriptions au tableau ont lieu à raison de deux tours à l'ancienneté et d'un tour au choix. Le nombre des inscriptions à faire chaque année par la Commission prévue au paragraphe premier ne devra pas dépasser le nombre d'avancements de classe possible en raison des crédits inscrits au budget départemental.

Si dans le courant de l'année, le tableau est épuisé, il est dressé, dans les mêmes formes, un tableau complémentaire.

Du 5 au 15 décembre, le tableau d'avancement est rendu public pour les intéressés. A cet effet, un exemplaire est affiché à la Préfecture dans le bureau des Chefs de division ou de service et dans le bureau de chaque Sous-Préfecture.

Tout employé qui se croit personnellement lésé a le droit de présenter par écrit une réclamation au Préfet dans le délai de 5 jours.

Les réclamations sont examinées par la Commission dans le délai de 10 jours, Commission devant laquelle les réclamants présenteront leurs observations, soit verbalement, soit par mémoire.

Article 16. — L'avancement dans chaque grade ou emploi a lieu d'une classe à la classe immédiatement supérieure :

Au choix après deux ans de services ;

A l'ancienneté après trois ans de services ;

Entrent en ligne de compte dans le calcul des années de services les bonifications ou majorations d'ancienneté dans les conditions où elles sont ou pourront être accordées aux fonctionnaires de l'État en raison de circonstances spéciales (services militaires, mobilisation, résidence en régions dévastées, etc...).

Article 17. — La promotion au grade de Chef de bureau et de Chef de division a lieu au choix.

Nul ne peut être nommé à ces emplois s'il n'est porté sur un tableau d'aptitude dressé par la Commission prévue à l'article 15.

Les Chefs de division ne participent pas à l'établissement du tableau d'aptitude qui concerne leur grade.

Nul ne peut être nommé rédacteur principal s'il n'est rédacteur de première classe depuis deux ans au moins.

Les Chefs de bureau sont choisis parmi les rédacteurs principaux ou les rédacteurs de première, deuxième ou troisième classe de la Préfecture et des Sous-Préfectures du département

Les Chefs de division sont choisis parmi les Chefs de bureau de classe exceptionnelle, de première, deuxième ou troisième classe.

Les inscriptions au tableau d'aptitude ont lieu suivant l'ordre d'ancienneté des services dans l'emploi ou les emplois occupés.

Le tableau d'avancement ne doit comprendre qu'un nombre d'inscriptions correspondant aux promotions prévues pour l'année: Il est porté à la connaissance du personnel dans les mêmes conditions que pour le tableau d'avancement.

Les nominations ont lieu dans l'ordre des inscriptions au tableau.

Toutefois, dans le cas où la Commission prévue à l'article 15 aurait estimé qu'aucun employé ne peut être inscrit au tableau d'aptitude, le Préfet pourra nommer à un tableau vacant, un employé d'un autre département pourvu du même grade ou déjà porté au tableau d'aptitude pour le grade.

ARTICLE 18. — Tout employé promu au grade supérieur est classé dans ce cadre à la classe correspondant à un traitement au moins égal à celui dont il bénéficiait.

ARTICLE 19. — La nomination de Chef de division est rendue publique par inscription au *Recueil des Actes administratifs*.

Chaque employé recevra copie des arrêtés le concernant personnellement.

ARTICLE 20. — Par application des dispositions de l'article 7 du décret du 17 juillet 1920, les employés de la Préfecture ou des Sous-Préfectures peuvent être pris dans un autre département, soit par permutation, soit directement pour occuper un emploi comportant un traitement d'un grade égal. Ils peuvent être nommés à la classe immédiatement supérieure s'ils figurent au tableau d'avancement du département d'origine et s'ils priment par l'ancienneté de services dans la classe le premier employé à nommer dans le département où ils sont appelés.

CHAPITRE IV

TRAITEMENTS — INDEMNITÉS

ARTICLE 21. — Chaque année sera inscrit au budget départemental le crédit provisionnel destiné à l'application des traitements.

Les traitements sont fixés ainsi qu'il suit :

Rédacteurs stagiaires

4.500 dont 3.800 avec participation de l'Etat.

Rédacteurs (6 classes)

5.000 dont 4.100 avec	participation	de l'Etat.
5.300	4.400	—
5.600	4.700	—
5.900	5.000	—
6.200	5.300	—
6.500	5.600	—

Rédacteurs principaux (4 classes)

7.000 dont 6 100 avec	participation	de l'Etat.
7.500	6.600	—
8.000	7.100	—
8.500	7.600	—

Chefs de bureau (5 classes)

7.600 dont 6.400 avec	participation	de l'Etat.
8.200	6.900	—
8.800	7.400	—
9.400	7.900	—
10.000	8.400	—

Classe exceptionnelle

11.000 dont 8.900 avec participation de l'Etat.

Chefs de division (6 classes)

10.000 dont 9.100 avec participation de l'Etat.
10.750   9.600   —
11.500   10.100   —
12.250   10.600   —
13.000   11.100   —
14.000   11.600   —

Expéditionnaires (7 classes)

4.200 dont 3.800 avec participation de l'Etat.
4.500   4.100   —
4.800   4.400   —
5.100   4.700   —
5.400   5.000   —
5.700   5.300   —
6.000   5.600   —

Personnel de service (10 classes)

4.200 dont 3.800 avec participation de l'Etat.
4.400   4.000   —
4.600   4.200   —
4.800   4.400   —
5.000   4.600   —
5.200   4.800   —
5.400   5.000   —
5.600   5.200   —
5.800   5.400   —
6.000   5.600   —

A ces traitements s'ajoutent les indemnités permanentes ou temporaires accordées aux fonctionnaires de l'Etat (résidence, charges de famille, cherté de vie, régions dévastées, etc...).

Une gratification de fin d'année égale au douzième des traitements et suppléments de traitements passibles de retenues est accordée à tout employé titulaire de la Préfecture et des Sous-Préfectures.

Les huissiers, concierge, garçon de bureau, chauffeur, aide-jardinier de la Préfecture bénéficient également du logement en nature. Ils sont chauffés et éclairés dans les mêmes conditions que les bureaux.

Les huissiers, concierge et garçon de bureau de la Préfecture ont droit à une indemnité d'habillement de 300 fr.

à leur entrée en fonctions et à une allocation annuelle de 200 francs pour renouvellement d'uniforme. En échange de ces avantages, le personnel de service est tenu de se conformer au règlement spécial le concernant.

ARTICLE 22. — Tous les employés sus-désignés sont astreints aux versements réglementaires pour la Caisse départementale des Retraites instituée par l'ordonnance du 18 janvier 1826 et soumis aux conditions énumérées au règlement de ladite caisse.

ARTICLE 23. — Il sera tenu compte pécuniairement au personnel de tout travail extraordinaire important exécuté en dehors des heures réglementaires de service.

CHAPITRE V

DISCIPLINE

ARTICLE 24. — Il est constitué pour chaque employé, un dossier contenant :

1° Toutes pièces relatives à son admission ;

2° Les dates de nominations et de passage d'une classe à une autre ou d'un grade à un autre ;

3° Les appointements successivement touchés ;

4° Les jours de congé accordés ;

5° Les témoignages de satisfaction obtenus et les peines disciplinaires encourues, s'il y a lieu ;

6° Le motif du départ, de la révocation, de la mise à la retraite.

L'intéressé pourra, lorsqu'il sera traduit devant le Conseil de discipline, prendre connaissance de son dossier.

ARTICLE 25. — Les peines disciplinaires sont :

L'avertissement ;

Le blâme avec inscription au dossier ;

Le retard dans l'avancement à l'ancienneté ou la radiation du tableau d'avancement ,

La rétrogradation de grade ou de classe ;

La suspension, sans que sa durée puisse excéder 6 mois;

La révocation.

L'avertissement et le blâme avec inscription au dossier sont prononcés par le Préfet ou le Sous-Préfet, mais seulement après que l'intéressé aura été avisé, par écrit, des reproches qui lui sont faits et qu'il aura consigné en marge les objections qu'il croira devoir formuler.

Les autres peines sont prononcées par le Préfet après avis d'un Conseil de discipline composé du Secrétaire général, Président, d'un Sous-Préfet du département et d'un Conseiller de Préfecture désigné par le Préfet, du Chef de division le plus ancien en grade et d'un employé du même grade que l'employé déféré ou d'un grade assimilé. Cet employé et son suppléant sont élus tous les deux ans, à la majorité, par leurs collègues ; ils sont rééligibles.

ARTICLE 26. — Les conditions d'élection des délégués sont réglées comme suit :

La date des élections est fixé dix jours à l'avance par un arrêté du Préfet ;

Les électeurs sont rangés en 5 sections ·

1° Chefs de division :

2° Chefs de bureau ou assimilés ;

3° Rédacteurs principaux et Rédacteurs ;

4° Expéditionnaires et Dactylographes ;

5° Garçons de bureau et gens de service.

Le bureau de vote est présidé par le plus ancien employé de chaque section.

Les votes ont lieu au scrutin secret et sous enveloppe par catégorie d'employés en commençant par les Chefs de division ou assimilés. Les enveloppes contenant les bulletins de vote des employés des Sous-Préfectures seront transmises par correspondance sous une deuxième enveloppe cachetée, paraphée par le Sous-Préfet qui indiquera la catégorie à laquelle appartient l'électeur. Cette enveloppe cachetée ne sera ouverte par le Président qu'au moment du vote et les enveloppes contenant les bulletins seront introduites dans l'urne immédiatement.

Le vote et le dépouillement ont lieu en séance publique, les états d'émargement et les enveloppes, en tenant lieu pour les employés des Sous-Préfectures, sont annexées au procès-verbal qui doit porter la signature de tous les membres du bureau et être déposé au Secrétariat général.

L'élection a lieu au premier tour, à la majorité absolue des inscrits de la catégorie. En cas de ballottage, il est procédé le jour correspondant de la semaine suivante. Au second tour de scrutin, l'élection a lieu à la majorité relative, quel que soit le nombre des votants. En cas de partage égal de voix, l'élection est assurée au plus ancien de grade des candidats en présence.

Nul ne peut être élu s'il n'est électeur de la même section. Pour être éligible, l'employé doit compter deux années d'ancienneté dans le grade.

ARTICLE 27. — Ne peut siéger dans le Conseil de discipline le Chef de service ou l'employé sur le rapport duquel les poursuites disciplinaires ont été décidées.

L'employé traduit devant un Conseil de discipline peut récuser un des membres.

L'Archiviste départemental et le Chef de service désignés à l'article 2 de la loi du 1er avril 1920 sont assimilés, pour la constitution du Conseil de discipline, aux Chefs de division de la Préfecture.

En cas d'empêchement du Secrétaire général, la présidence est exercée par le plus ancien Sous-Préfet en fonction dans le département.

ARTICLE 28. — L'employé déféré au Conseil de discipline par le Préfet est mis en demeure, par lettre recommandée, de prendre connaissance à la Préfecture de son dossier et de toutes les pièces relatives à l'affaire ; communication lui est donnée en même temps des noms des membres appelés à siéger en Conseil de discipline et du suppléant du représentant du personnel.

Il lui est accordé un délai de 10 jours francs, à dater de la mise en demeure ci-dessus, pour présenter sa défense, pour désigner s'il y a lieu les personnes qu'il désire faire entendre et pour exercer son droit de récusation.

ARTICLE 29. — Le Conseil de discipline se réunit dans le mois qui suit l'expiration des délais prévus à l'article précédent.

Il entend sur sa demande l'employé déféré, le défenseur, s'il y a lieu, ainsi que les personnes citées par les parties et celles qu'il croit devoir convoquer spontanément. Il statue hors de la présence de l'employé.

ARTICLE 30. — La délibération du Conseil de discipline n'est valable que si elle est prise par 5 membres.

L'employé déféré bénéficie, s'il y a lieu, du partage des voix.

L'avis du Conseil de discipline est motivé. Il est reproduit dans la décision du Préfet. Cette décision est notifiée à l'intéressé par lettre recommandée.

Si la peine prononcée est celle de la suspension, il est tenu compte, pour sa durée, de la durée de la suspension provisoire prévue à l'article 33.

ARTICLE 31. — En cas de faute grave ou en cas d'urgence, le Préfet peut exceptionnellement prononcer la suspension d'un employé avant la comparution de celui-ci devant le Conseil de discipline; si la peine prononcée ultérieurement n'est ni la révocation, ni la suspension, l'employé aura droit à son traitement pendant la durée de la suspension préalable.

En cas de suspension préalable, le Conseil de discipline doit statuer dans le délai d'un mois.

CHAPITRE VI

TRAVAIL ET CONGÉS

ARTICLE 32. — La présence au bureau est de 7 heures.

Matin : de 8 heures 1/2 à 11 heures 1/2.

Soir : de 13 heures 1/2 à 17 heures 1/2.

Nul ne peut manquer à son service ou s'en absenter sans que le Chef de service n'en ait donné l'autorisation.

Toute demande d'absence de plus d'une journée doit être adressée au Secrétaire général pour la Préfecture, au Sous-Préfet pour les Sous-Préfectures.

Si les nécessités du service l'exigent, le personnel sera en toute circonstance à la disposition de l'Administration.

ARTICLE 33. — Il est expressément interdit au personnel de s'occuper dans les bureaux de questions étrangères au service de la Préfecture. Les employés ne pourront emporter, hors de la Préfecture, aucun dossier ou pièces quelconques, en vue d'un travail à domicile, sans autorisation du Chef de service.

ARTICLE 34. — Sont considérés comme congés réglementaires : les dimanches, fêtes légales et jours fériés, le lendemain de la Toussaint, de Noël, du Jour de l'An, le Mardi-Gras, le lundi de la fête patronale de la ville ou du quartier (pour les employés habitant la ville ou le quartier), le jour intermédiaire entre deux jours de congé réglementaire (dénommé pont).

Indépendamment des congés réglementaires, un congé de repos annuel de un mois avec traitement est accordé à tout le personnel en tenant compte des nécessités de service.

Ces congés sont accordés à la Préfecture par le Secrétaire général, sur la proposition du Chef de division ou de service ; dans les Sous-Préfectures, par les soins des Sous-Préfets. Le congé des Chefs de division est accordé par le Préfet sur proposition du Secrétaire général.

Article 35. — Les congés pris dans le cours de l'année pour convenances personnelles viendront en déduction du congé annuel prévu à l'article 34, sauf le cas de deuil de famille ou de maladie passagère dûment constatée par un certificat médical.

Article 36. — En cas de maladie justifiée, constatée par un médecin désigné par l'Administration, avec droit pour l'intéressé de se faire visiter par un autre médecin, et, en cas de désaccord, par un troisième médecin, désigné par les deux premiers ; l'employé a droit pendant la durée de sa maladie ou de la convalescence au traitement entier jusqu'à trois mois d'absence dans l'année. Le traitement est ensuite réduit de moitié jusqu'à ce qu'intervienne dans les six mois qui suivent une décision admettant l'employé à faire valoir ses droits à la retraite dans les conditions fixées par le règlement de la caisse départementale des retraites en le plaçant dans la situation de disponibilité.

En cas de tuberculose pulmonaire, les employés bénéficieront de la loi de finances du 31 avril 1921, article 71, qui prévoit pour le personnel enseignant le paiement du traitement intégral pendant trois ans et du demi traitement pendant deux ans.

En cas de grossesse, un congé de deux mois avec traitement entier est accordé aux dames employées des différents grades, moitié avant, moitié après les couches. En cas de nécessité dûment constatée, le congé peut être prolongé d'un mois à traitement entier ou de 3 mois à demi traitement. Passé ce délai, si leur état de santé n'est pas redevenu normal, il y aura lieu à mise en disponibilité sans traitement.

Article 37. — Les employés mis en disponibilité pour raisons de santé, dans l'impossibilité de travailler et comptant au moins 15 ans de service à la Préfecture ou dans les Sous-Préfectures, recevront un traitement de disponibilité qui n'excédera en aucun cas le tiers du traitement de leur classe et de leur grade, et continueront à effectuer leurs versements sur leur traitement normal, à la caisse départementale des retraites. Le traitement de disponibilité que la Commission prévue à l'article 15 fixe par espèce, en tenant compte de la situation de l'intéressé, ne

peut être accordé pour une période suprieure à 18 mois.
A l'expiration de cette période et au maximum d'une
période de 2 ans, l'employé est admis d'office à la retraite,
si le règlement de la caisse départementale des retraites
le permet. Cette retraite est calculée sur la base du traitement moyen des trois dernières années de traitemnt intégral. La mise en disponibilité pour convenances personnelles ne donne droit à aucun de ces avantages.

ARTICLE 38. — Un congé sans traitement est accordé
par le Préfet aux employés de la Préfecture et des Sous-
Préfectures appelés sous les drapeaux pour la durée de
leur service militaire obligatoire.

Ce congé compte pour l'avancement de classe à l'ancienneté au même titre que si l'employé était présent à
son service.

Le poste des employés mobilisés est, durant leur
absence, occupé par des auxiliaires, pris de préférence
parmi les candidats ayant pris part aux précédents concours et obtenu la moyenne des points.

Les employés en congé ou en disponibilité pour raisons
de santé sont provisoirement remplacés dans les mêmes
conditions.

Les employés appelés pour des périodes d'instruction
ne sont pas remplacés et conservent l'intégralité de leur
traitement.

ARTICLE 39. — Un employé peut, sur sa demande, pour
raisons personnelles, être mis en disponibilité, pour une
période qui, en aucun cas, ne pourra excéder deux ans.
Si, à l'expiration de ce congé, le dit employé sollicite sa
réintégration dans les cadres, cette réintégration ne
pourra être prononcée qu'autant qu'il existera une vacance
d'emploi du même grade que celui qu'il occupait lors de
sa mise en disponibilité et pourra être retardée jusqu'à la
troisième vacance qui suivra sa demande de réintégration.

L'employé mis en disponibilité pour raisons personnelles n'a droit durant son absence à aucun traitement ou
indemnité. Le temps passé en disponibilité ne lui est pas
compté pour l'avancement.

CHAPITRE VII

DISPOSITIONS DIVERSES

ARTICLE 40. — Il est rigoureusement interdit aux employés de cumuler leurs fonctions administratives avec d'autres fonctions (commerciales, industrielles, etc...).

ARTICLE 41. — Les employés peuvent être détachés dans un autre service départemental. Ils sont, dans ce cas, rétribués par cet autre service, mais peuvent continuer à opérer leurs versements à la caisse départementale de retraites.

Les détachements sont autorisés par arrêtés préfectoraux. Dans le cas où un employé est détaché dans un service départemental ou autre non rétribué, il continue à recevoir son traitement et les indemnités qu'il percevait avant d'être détaché.

ARTICLE 42. — La mise à la retraite d'office sera prononcée conformément aux dispositions du règlement de la caisse départementale de retraites.

ARTICLE 43. — Les employés de la Préfecture et des Sous-Préfectures, admis à la retraite, qui ont fait preuve, au cours de leur carrière, d'un zèle et d'un dévouement constants, peuvent être nommés par le Préfet, sur la proposition de la Commission prévue à l'article 15, à l'honorariat de leur grade, et exceptionnellement du grade supérieur, sur la proposition du Secrétaire général ou du Sous-Préfet.

ARTICLE 44. — Les personnes occupées temporairement, en remplacement des employés malades, présents sous les drapeaux ou indisponibles, soit pour effectuer des travaux

extraordinaires, soit pour un motif quelconque, n'acquiè-
rent aucun droit à obtenir un emploi dans le personnel et
doivent être licenciées dès que les circonstances qui ont
motivé leur emploi ont pris fin.

Mézières, le 3 octobre 1922.

Le Préfet des Ardennes,
Paul ROQUÈRE.

Vu et approuvé :

Paris, le 27 novembre 1922.

Le Ministre de l'Intérieur,
MAUNOURY.

Imp. des Ardennes et du Nord-Est, 14, rue Forest, Charleville